ACTIVITÉ

✎ **Asso[illegible] ge à son lieu d'[illegible] de ce lieu.**

une p...............

un c...............

un t...............

une m...............

LES AVENTURES D'HERCULE

Christine Leroy

Hercule arrive toujours en retard à l'école. Mais son professeur ne le gronde jamais. C'est un garçon généreux. Il aide souvent les habitants de son village. Un jour, le Roi de l'Atlantide envoie des esclaves sur son île pour construire une nouvelle cité. Mais le Roi maltraite les esclaves. Hercule décide alors de lui donner une "bonne leçon" !

TEXTE, EXERCICES ET NOTES CHRISTINE LEROY
EDITING MICHELLE MAGRITTE

PREMIÈRES LECTURES

DANS UN PETIT LIVRE,
DES HISTOIRES F/

Les Aventures d'Hercule

M. Platon fait l'appel[1] des élèves : « Apollon ? — Présent, répond un petit garçon. — Ariane ? — PRÉSENTE ! ! ! hurle[2] une petite fille. — Hercule ? Hercule ? Mais où est Hercule ? demande le professeur. — Il est absent, Monsieur, dit Apollon. — Non, non, me voilà ! ! ! Hercule entre dans la salle de classe sur des patins à roulettes ! ! « Bonjour monsieur. Excusez-moi ».

ACTIVITÉ

✎ **Observe le dessin et remplace les pointillés par un des mots suivants :**

La salle de classe / le professeur / l'élève / le bureau / la chaise / le tableau / la brosse / la craie / le cartable / les cahiers / les livres / la trousse.

M. Platon ne gronde[1] jamais Hercule. Hercule est un garçon généreux, courageux et très fort. Il aime aider les gens de son village. Hercule est aussi très mignon ! Il est blond. Il a les cheveux frisés[2] et les yeux[3] bleus.

1. *gronder*

2. *cheveux frisés*

3. *yeux*

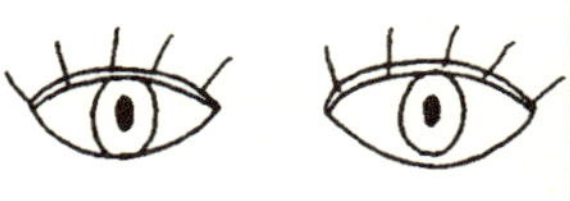

ACTIVITÉ

QUI EST-CE ?

Zoé : Elle est petite. Elle est brune. Elle a les cheveux courts et frisés.

Paul : Il est grand et très musclé. Il est brun. Il a les cheveux courts.

Jacques : Il est brun. Il a les cheveux courts. Il porte des lunettes.

Céline : Elle est grande et mince. Elle a les cheveux longs.

C'est...............

C'est...............

C'est...............

C'est...............

1. *esclave*

2. *amener*

3. *construire*

Hercule est toujours content. Mais quand un bateau part pour l'Atlantide, il devient triste. Le bateau est chargé d'esclaves[1]. Les soldats les amènent[2] sur l'île pour travailler. Le Roi fait construire[3] une nouvelle cité.

ACTIVITÉ

✎ **Devinettes en rimes.**

Il va sur l'eau,
c'est un ....

Elle a des ailes,
c'est l'hir.............

Il marche au pas,
c'est un ....

Elle est splendide,
c'est l'A ....

Il fait la loi,
oui, c'est le ....

L'Atlantide est une île[1] magnifique. Il y a des bois, des lacs et un grand volcan. Le Roi rêve d'une cité avec un port[2], des temples[3] et… un palais de cristal ! Tous les jours, de nouveaux esclaves arrivent sur l'Atlantide. Une dure journée de travail les attend.

« Allez, bande de paresseux[1] ! Tous dans le bateau, crient les soldats.
— Nous avons faim[2], dit un vieillard[3], s'il vous plaît, donnez-nous à boire et à manger.
— Vous mangerez ce soir, répond un soldat. Maintenant, au travail. Allez, plus vite... »

✎ **Observe attentivement chaque dessin et complète avec une des expressions suivantes.**

elle a faim / il a soif / il a sommeil / elle a peur.

....

....

....

....

1. *se reposer*

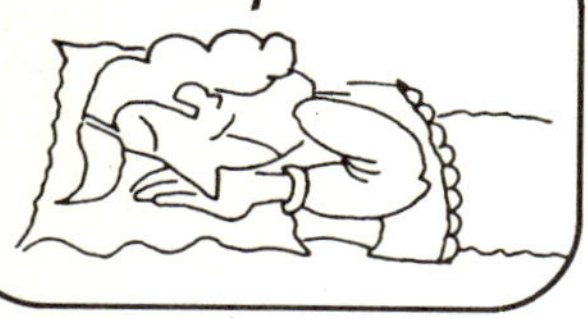

2. *Majesté*

3. *être capable*

Hercule n'est pas un esclave. Mais il veut travailler lui aussi. « Si j'aide les esclaves, ils peuvent se reposer[1] », pense-t-il.

« Majesté[2], écoutez-moi. Je suis fort. Je veux vous aider à construire la cité.

— Et bien… d'accord. Voyons de quoi tu es capable[3] » répond le Roi.

Relie chaque dessin à une action.

Parler

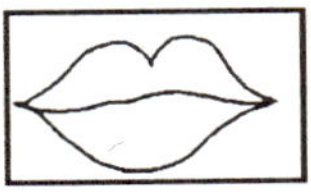

Toucher

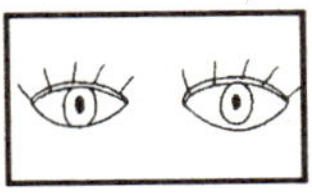

Marcher

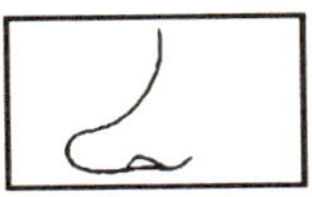

Écouter

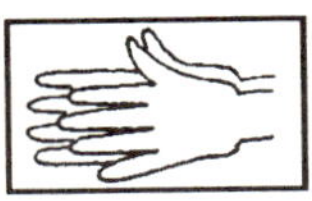

Regarder

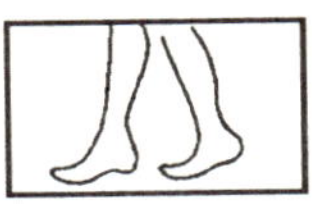

Sentir

Complète les phrases avec les articles définis LE, LA, LES.

On parle avec .... bouche.
On touche avec .... mains.
On marche avec .... jambes.
On écoute avec .... oreilles.
On regarde avec .... yeux.
On sent avec .... nez.

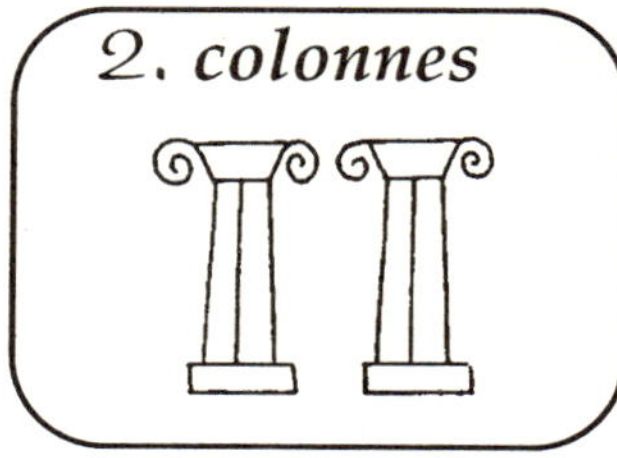

« Toi, tu construis le port avec deux énormes[1] colonnes[2] à l'entrée[3], explique le Roi à Hercule. Les esclaves, eux, doivent construire mon palais de cristal. Quand ils ont terminé,… ils peuvent se reposer !

VRAI ou FAUX ?

	V	F
M. Platon est sévère avec Hercule.		
Hercule n'est pas un esclave.		
Les esclaves doivent construire le palais de cristal.		
Les soldats sont gentils avec les esclaves.		
L'Atlantide est une île aride.		
Hercule ne veut pas aider les esclaves.		

Corrige les affirmations fausses.

....

....

....

....

Hercule et les esclaves travaillent pendant des mois et des mois. Les esclaves sont épuisés[1]. « Je vous en prie, laissez-moi me reposer, dit un vieil homme à un soldat. — NON. ALLEZ, DEBOUT[2] ! hurle le soldat. — Laissez-moi porter cette grosse pierre[3] », dit Hercule au vieil homme.

1. *épuisé*

2. *debout*

assis

3. *pierre*

ACTIVITÉ

Observe les dessins et complète avec la forme correcte de l'adjectif qualificatif.

Un vieil homme

Une .... femme

Un .... chat

Une grosse pierre

Un grand volcan

Une .... tour

Un garçon ....

Une fille triste

La nouvelle cité est enfin terminée. Le Roi organise une grande fête[1]. Il invite tous ses amis. Hercule, lui, du haut[2] d'une colline[3], regarde l'île en compagnie de son ami Athos.

ACTIVITÉ

À qui sont ces affaires ? Complète les bulles avec l'adjectif possessif qui convient.

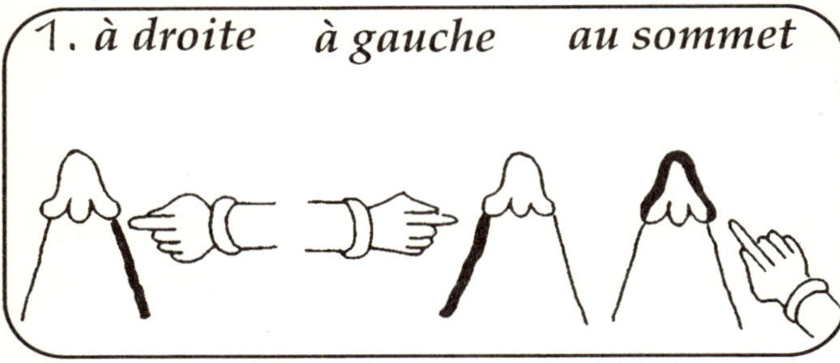

Toutes les maisons de l'Atlantide ont un joli petit jardin. À droite[1] il y a le port avec les deux énormes colonnes d'Hercule. À gauche[1] se trouve le volcan. Au sommet[1] du volcan il y a le palais de cristal du Roi.

ACTIVITÉ

✎ **Complète les phrases avec IL Y A ou IL N'Y A PAS comme dans les exemples.**

Il y a des bois sur l'île. 

Il n'y a pas de bois sur l'île. 

.... cahiers dans le cartable. 

.... légumes dans le panier. 

.... bijoux dans le coffret. 

.... habits dans l'armoire. 

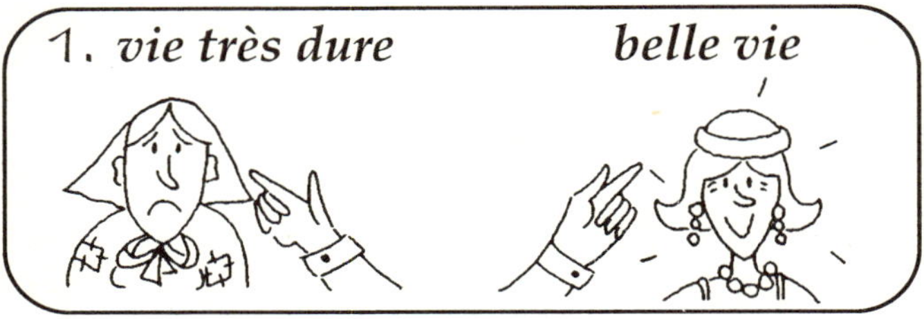

« L'Atlantide est une île vraiment merveilleuse. La nouvelle cité, avec ses maisons et son palais de cristal, est splendide, dit Hercule. — Oui, mais regarde les esclaves, répond Athos. Ils ont une vie très dure[1] sur cette île.
— C'est vrai, dit Hercule. Le moment est arrivé de donner une "bonne leçon" au Roi et à ses amis... »

ACTIVITÉ

✎ **Identifie ces différents types de constructions. Choisis ta réponse parmi les éléments de la liste :** maison / immeuble / palais / tour / cabane / château.

C'est un.........................

....

....

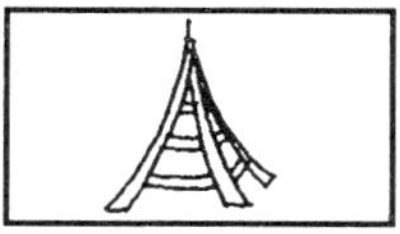

....

....

....

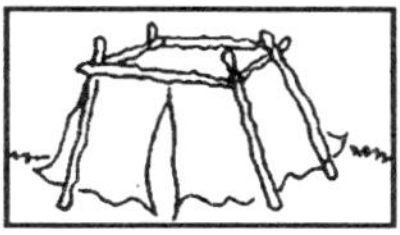

....

« Écoute, Athos. Tu amènes les esclaves au port. Là, vous prenez le bateau et vous quittez[1] l'île ». Hercule, pendant ce temps, grimpe[2] jusqu'au sommet du volcan. Le Roi et ses amis sont dans le palais de cristal. Ils chantent, dansent et… jouent au loto[3] !

ACTIVITÉ

Faites la fête ! Relie chaque mot au dessin qui convient et colorie selon tes préférences.

Masque

Confetti

Serpentins

Feux d'artifice

Déguisement

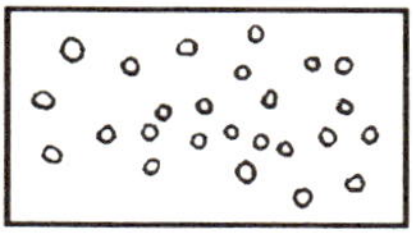

As-tu déjà participé à une fête ? Si oui, à quelle occasion ?

....

....

Les esclaves sont tous à bord du bateau avec Athos.
« Maintenant, à nous deux, monsieur le Roi ! » dit Hercule.
Il prend une longue chaîne[1]. Il l'attache[2] au sommet du volcan et autour du palais de cristal. Il tire[3] très fort sur la chaîne et fait sauter... le bouchon du volcan ! !

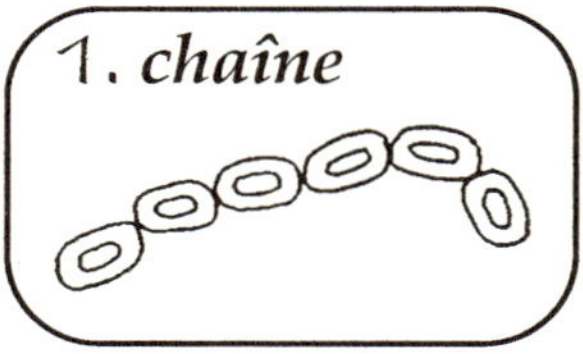

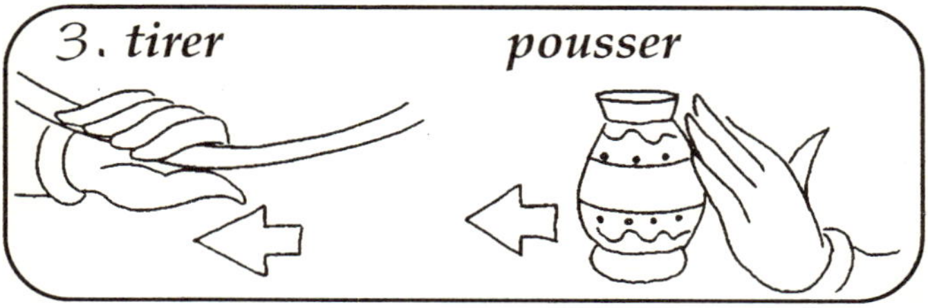

ACTIVITÉ

✎ **Le Mot Mystérieux. Trouve dans la grille les mots de la liste. À la fin, il te restera huit lettres pour former le Mot Mystérieux. Il a pour définition : "des demeures royales". Attention ! Tu peux trouver les mots dans tous les sens, sauf en diagonale. Une lettre peut servir deux fois.**

Mots de 2 lettres : si - et - vu - or - la

Mots de 3 lettres : lit - roi - vie

Mot de 4 lettres : cité

Mot de 6 lettres : bateau

C	B	R	S	T	E
E	A	O	I	L	A
T	T	L	A	I	X
I	E	A	V	T	I
C	A	T	I	U	O
V	U	H	E	E	R

Solution: ....

Glouglou, glouglou, gloug… de l'eau jaillit[1] du volcan ! L'île de l'Atlantide commence à couler[2]. Le Roi et ses amis sont prisonniers à l'intérieur du palais de cristal. « Au secours ! crient-ils.
— Mais enfin, restez calmes, dit Hercule en riant. Continuez à faire la fête sous l'eau ! »

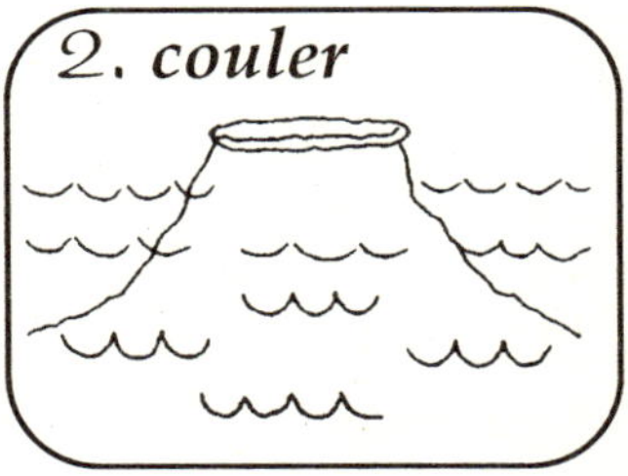

ACTIVITÉ

Écris le verbe entre parenthèses au présent de l'indicatif.

Hercule (arriver) arrive en retard.

Les esclaves (travailler) .... toute la journée.

Hercule (ne pas être) .... un esclave.

Le Roi (accepter) .... l'aide d'Hercule.

Les soldats (ne pas être) .... gentils avec les esclaves.

Hercule et Athos (défendre) .... les esclaves.

Le Roi (rester) .... prisonnier dans son palais de cristal.

Alors, les enfants, si cet été[1] vous prenez le bateau et si vous apercevez une chaîne et le sommet de deux colonnes, c'est peut-être l'île de l'Atlantide ! Vous voulez libérer[2] le Roi et ses amis ? Vraiment ? Et bien… Tirez sur la chaîne ! !

ACTIVITÉ

✎ **Réponds aux questions sur le texte.**

1. Qui est Hercule ?

....

....

2. Pourquoi veut-il donner une “bonne leçon” au Roi ?

....

....

3. Et toi, à la place d’Hercule, qu’aurais-tu fait ?

....

....

4. As-tu déjà entendu parler du “mystère de l’Atlantide” ? Recherche quelques informations dans une encyclopédie.

....

....

....

....

• LECTEURS EN HERBE • EN COULEURS •

Béril	ASTRELIX DANS L'ESPACE
Lutun	ZAZAR
Moulin	LE COMTE DRACULA
Moulin	NESSIE LE MONSTRE
Moulin	ROBIN DES BOIS
Vincent	LA FAMILLE FANTOMAS

• PREMIÈRES LECTURES •

Aublin	LE RIFIFI
Aublin	MERLIN L'ENCHANTEUR
Aublin	SCARAMOUCHE
Avi	LE TITANIC
Brunhoff	L'ÉLÉPHANT BABAR
Busch	MAX ET MAURICE
Cabline	VERCINGÉTORIX
Capatti	JOUEZ avec la GRAMMAIRE FRANÇAISE
Daudet	LA CHÈVRE DE M. SÉGUIN
Dumas	LES TROIS MOUSQUETAIRES
Dutrois	L'ACCIDENT !
Dutrois	OÙ EST L'OR ?
Gilli	MÉDOR ET LES PETITS VOYOUS
Grimm	CENDRILLON
Grimm	LES GNOMES
Hutin	LA MAISON DES HORREURS
La Fontaine	LE LIÈVRE ET LA TORTUE
Leroy	LES AVENTURES D'HERCULE
Les 1001 Nuits	ALI BABA ET LES 40 VOLEURS
Messina	LE BATEAU-MOUCHE
Perrault	LE PETIT CHAPERON ROUGE
Stoker	DRACULA

• PREMIÈRES LECTURES • EN COULEURS •

Arnoux	LE MONSTRE DE LOCH NESS
Andersen	LES HABITS DE L'EMPEREUR
Grimm	HANSEL ET GRETEL
Hugo	LE BOSSU DE NOTRE-DAME
Laurent	LE DRAGON DORMEUR
Laurent	POCAHONTAS
Pellier	LE VAMPIRE GOGO

• LECTURES TRÈS FACILITÉES •

Aublin	FRANKENSTEIN contre DRACULA
Avi	LE COMMISSAIRE
Avi	LE TRIANGLE DES BERMUDES
Cabline	NAPOLÉON BONAPARTE
Capatti	JOUEZ avec la GRAMMAIRE FRANÇAISE
Cavalier	LES MÉSAVENTURES DE RENART
Ducrouet	NUIT DE NOËL
Géren	LE BATEAU VIKING
Géren	LE MONSTRE DES GALAPAGOS
Germain	LE VAMPIRE
Gilli	UN CŒUR D'ENFANT
Gilli	PARIS-MARSEILLE VOYAGE EN T.G.V.
Hémant	MARIE CURIE
Hutin	LE MYSTÈRE DE LA TOUR EIFFEL
Laurent	UN VOLONTAIRE DANS L'ESPACE
Leroy	ANACONDA, LE SERPENT QUI TUE
Mass	LA CHASSE AU TRÉSOR
Mass	OÙ EST L'ARCHE DE NOÉ?
Mérimée	LA VÉNUS D'ILLE
Messina	GRISBI

• LECTURES TRÈS FACILITÉES •

Arnoux	BONNIE ET CLYDE • FUITE D'ALCATRAZ
Aublin • Wallace	SISSI • BEN HUR
Avi • Doyle	PIRATES • LA MOMIE
Cabline	LES CHEVALIERS DU ROI ARTHUR
Germain • Saino	HALLOWEEN • LE MASQUE
Hoffmann	PIERRE L'ÉBOURIFFÉ
Pellier	LE REQUIN • HISTOIRES FANTÔMES
Perrault • Leroux	BARBE BLEU • FANTÔME de l'OPÉRA

• LECTURES FACILITÉES •

Beaumont	LA BELLE ET LA BÊTE
Capatti	JOUEZ avec la GRAMMAIRE FRANÇAISE
Capatti	PEARL HARBOR
Daudet	TARTARIN DE TARASCON
Dumas	LES TROIS MOUSQUETAIRES
Flaubert	MADAME BOVARY
Forsce	JACK L'ÉVENTREUR
Fraiche	LA BATAILLE D'ALGER
Fraiche	LES MYSTÈRES DE LA BASTILLE
Gautier	CAPITAINE FRACASSE
Géren	LA MOMIE
Géren	LES DENTS DE DRACULA
Giraud	L'HISTOIRE D'ANNE FRANK
Juge	FUITE DE LA CAYENNE
Juge	JEANNE D'ARC
Malot	SANS FAMILLE
Martini	LA CHANSON DE ROLAND
Martini	LE ROMAN DE RENART
Martini	LE FANTÔME à Chenonceaux
Mass	FUITE DE SING-SING
Maupassant	BOULE DE SUIF
Maupassant	UNE VIE
Mercier	CONTES D'AFRIQUE
Mercier	L'AFFAIRE DREYFUS
Mercier	L'EUROTUNNEL
Molière	LE MALADE IMAGINAIRE
Mounier	STALINGRAD
Pergaud	LA GUERRE DES BOUTONS
Perrault	LE CHAT BOTTÉ
Rabelais	GARGANTUA ET PANTAGRUEL
Radiguet	LE DIABLE AU CORPS
Renard	POIL DE CAROTTE
Rostand	CYRANO DE BERGERAC
Sand	LA MARE AU DIABLE
Sand	LA PETITE FADETTE
Ségur	MÉMOIRES D'UN ÂNE
Terrail	LES EXPLOITS DE ROCAMBOLE
Troyes	PERCEVAL
Verne	DE LA TERRE À LA LUNE
Verne	LE TOUR DU MONDE EN 80 JOURS
Verne	20 000 LIEUES SOUS LES MERS

• LECTURES FACILITÉES •

Beaumarchais • Fraiche	FIGARO • ROBESPIERRE
Beaum • Hugo	BARBIER SÉVILLE • MISÉRABLES
Fraiche	CHARLEMAGNE
Loti • Messina	PÊCHEUR • JOCONDE
Mercier • Renard	CONTES • POIL DE CAROTTE
Molière	TARTUFFE
Saino • Juge	ORIENT EXPRESS • ANDES
Ségur • Pergaud	MÉMOIRES ÂNE • GUERRE

• LECTURES SANS FRONTIÈRES •

Balzac	LE PÈRE GORIOT
Béguin	AMISTAD
Béguin (SANS CASSETTE/CD)	JOUEZ avec la GRAMMAIRE FRANÇAISE
Combat	HALLOWEEN
Diderot	JACQUES LE FATALISTE
Dumas	LA DAME AUX CAMÉLIAS
Flaubert	L'ÉDUCATION SENTIMENTALE
Flaubert	MADAME BOVARY
France	LE LIVRE DE MON AMI
Hugo	NOTRE-DAME DE PARIS
Iznogoud	JACK L'ÉVENTREUR
Messina	JEANNE D'ARC
Messina	MATA HARI
Molière	L'ÉCOLE DES FEMMES
Proust	UN AMOUR DE SWANN
Sampeur	RAPA NUI
Stendhal	LE ROUGE ET LE NOIR
Térieur	LE TRIANGLE des BERMUDES
Zola	GERMINAL
Zola	THÉRÈSE RAQUIN

• AMÉLIORE TON FRANÇAIS •

Alain-Fournier	LE GRAND MEAULNES
Anouilh	BECKET
Balzac	L'AUBERGE ROUGE
Balzac	L'ÉLIXIR DE LONGUE VIE
Balzac	NAPOLÉON DU PEUPLE
Baudelaire	LA FANFARLO
Corneille	LE CID
Daudet	LETTRES DE MON MOULIN
Duras	AGATHA
Flaubert	UN CŒUR SIMPLE
Gautier	LA MORTE AMOUREUSE
Hugo	Le DERNIER JOUR d'un CONDAMNÉ
La Fontaine	FABLES
Maupassant	LE PETIT FÛT
Molière	L'AVARE
Molière	L'AMOUR MÉDECIN
Molière	TARTUFFE
Molière	LES PRÉCIEUSES RIDICULES
Perrault	CONTES
Prévost	MANON LESCAUT
Rousseau	RÊVERIES DU PROMENEUR SOLITAIRE
Stendhal	LES CENCI
Stendhal	HISTOIRES D'AMOUR
Voltaire	MICROMÉGAS

• CLASSIQUES DE POCHE •

Baudelaire	LE SPLEEN DE PARIS
Duras (SANS CASSETTE/CD)	L'AMANT
Hugo	LA LÉGENDE DU BEAU PÉCOPIN
La Fayette	LA PRINCESSE DE CLÈVES
Maupassant (SANS CASSETTE/CD)	CONTES FANTASTIQUES
Pascal	PENSÉES
Proust	VIOLANTE OU LA MONDANITÉ
Sagan (SANS CASSETTE/CD)	BONJOUR TRISTESSE
Voltaire	CANDIDE

DISTRIBUÉ PAR MEDIALIBRI • VIA IDRO 38, 20132 MILAN • ITALIE • TÉL. 02 27207255 • FAX 02 2567179